SAN DIEGO

GUÍA A LA CIUDAD MÁS HERMOSA DE AMÉRICA

ENRIQUE GARCIA

ÍNDICE

¡TANTO POR HACER!

Visitar San Diego por primera vez puede ser abrumador, especialmente considerando la cantidad de actividades disponibles. Decidir adónde ir y qué hacer puede llevar mucho tiempo, y es ahí donde podemos ayudarte. A continuación, encontrarás los 8 mejores lugares de San Diego, experiencias que simplemente no te puedes perder.

Disfrutar de la playa

No importa la temporada en que visites, la playa personifica el estilo de vida de San Diego. Ya sea observando la marea o tomando el sol, la playa es donde está la acción. Desde Mission Beach hasta la montaña rusa de Belmont Park, asegúrate de visitar las playas.

Probar un taco de pescado

Aunque pueda sonar un poco extraño, el taco de pescado es una de las mejores comidas de San Diego. El pescado rebozado y frito, envuelto en una tortilla de maíz, es uno de esos platillos que, una vez que lo pruebas, ¡se te antojará cada vez que regreses!

Cruzar a México

No es ningún secreto que San Diego limita con México, y Tijuana es una metrópolis por derecho propio. Visitar Tijuana o Baja California es perfectamente seguro de día o de noche, sin importar lo que hayas escuchado. Ten en cuenta que tienen sus propias leyes, lleva tu pasaporte y disfruta de todo lo que este paraíso extranjero te ofrece.

Dar un paseo en el tranvía

San Diego no tiene el mejor sistema de transporte público, pero sí cuenta con el conocido tranvía MTS. Las autopistas pueden ser bastante intimidantes, lo que convierte al tranvía en la forma ideal de viajar. Si quieres conocer más sobre la ciudad, simplemente compra un pase de un día para el tranvía; verás más de San Diego de lo que creías posible.

Visitar a los pandas

Si bien SeaWorld y LEGOLAND tienen su cuota de animales, el zoológico de San Diego es famoso por sus pandas. El zoológico es una atracción turística, y la bebé Su Lin es un verdadero festín para la vista. Cuando visites el zoológico de San Diego, hazlo por la mañana, cuando los pandas están más activos.

Balboa Park

Después de visitar a los pandas, date una vuelta por la joya de la ciudad: Balboa Park. El ambiente es impresionante, sin importar cuándo lo visites. Sin embargo, si vas los martes, descubrirás que la mayoría de los museos tienen entrada gratuita. Después de tu visita, cena en el restaurante El Prado y disfruta de una excelente comida en un entorno magnífico.

Gaslamp y la vida nocturna

El Gaslamp Quarter, en el centro de San Diego, es el lugar ideal para bailar, comer o simplemente observar a la gente. Aquí puedes experimentar lo mejor de la vida en San Diego, con comida para todos los gustos.

El Casco Antiguo

Aunque el San Diego histórico no siempre es evidente, una visita al Parque Histórico Estatal del Casco Antiguo puede traer de vuelta el pasado. Hay fragmentos del viejo San

Diego por todas partes. Aunque hay muchos restaurantes excelentes aquí, asegúrate de visitar el Old Town Mexican Cafe, ya que sirve la mejor comida mexicana de San Diego.

DATOS SOBRE SAN DIEGO

Considerando que San Diego es una de las mejores ciudades de los Estados Unidos, es fácil notar su popularidad entre los turistas. Entre los muchos logros de San Diego, echemos un vistazo a varios datos sobre esta increíble ciudad.

Dato 1

Dentro de los límites de la ciudad de San Diego, viven más de 1 millón de personas. ¡Esto la convierte en la segunda ciudad más grande de California y la sexta más grande de todo Estados Unidos! A pesar de su tamaño, los residentes aún conservan esa sensación de pueblo natal, lo cual es bastante sorprendente.

Dato 2

No importa la época del año, nunca es un mal momento para visitarla. El clima es casi perfecto durante todo el año, lo que te da la oportunidad de experimentar todo lo que ofrece. Con una temperatura máxima anual de 21 grados Celsius y una mínima de 13 grados Celsius, prácticamente se puede nadar durante todo el año.

Dato 3

Si la visitas entre diciembre y marzo, puedes avistar a la impresionante ballena gris. A lo largo de la costa, en un crucero, puedes observar a este asombroso mamífero.

Dato 4

Si viajas solo 37 kilómetros al sur, te encontrarás en la hermosa ciudad de Tijuana. Lo que antes se consideraba peligroso, resulta ser un lugar increíble de hospitalidad mexicana, con excelentes restaurantes, tiendas y una agradable vida nocturna.

Dato 5

San Diego ofrece una increíble variedad de flores y rosas. Con un clima seco, se dan las condiciones perfectas para las rosas, las margaritas silvestres y otras flores exóticas. Con diferentes flores en los meses de invierno y verano, los amantes de las flores se enamorarán de todo lo que San Diego les ofrece.

Dato 6

No es ningún secreto que uno de los mayores atractivos de San Diego son sus playas. Asegúrate de leer las señales, ya que la belleza de las playas varía casi tanto como las reglas.

Dato 7

En cuanto a la vida nocturna, San Diego tiene algo para complacer a todos. Desde bailar música *country* hasta cantar en un bar, la ciudad tiene una vida nocturna muy animada. No importa lo que te guste hacer por la noche, San Diego lo tiene todo, y probablemente un poco más.

Dato 8

El atractivo más destacado de San Diego es el zoológico. El zoológico de 40 hectáreas alberga a casi 4000 animales, todos los cuales tienen mucho espacio para deambular. Con pandas para que todos los vean, el zoológico de San Diego es razón suficiente para visitar la ciudad.

Por más de una razón, San Diego es la ciudad perfecta para visitar. Puedes visitarla con familiares o amigos y saber que siempre tendrás lugares a dónde ir y cosas que ver. En invierno o verano, San Diego es un lugar que nunca te resultará aburrido.

LA JOLLA, SAN DIEGO

La Jolla, una joya resplandeciente de San Diego, es una postal perfecta con varias playas a lo largo de más de once kilómetros de costa contra un conjunto de colinas ondulantes conocidas como el Monte Soledad.

Al ser parte de San Diego, La Jolla está a solo 15 minutos del centro de la ciudad. Además de hermosos paisajes, la zona también ofrece una gran variedad de restaurantes elegantes, galerías de arte, hoteles y complejos turísticos, y muchas otras atracciones como el Instituto Scripps de Oceanografía.

El Acuario Birch también forma parte de La Jolla, y te brinda la oportunidad de entrar en el emocionante mundo de los tiburones, los arrecifes de coral vivos y muchas otras exhibiciones submarinas. Este acuario muestra los misterios del océano y lo que realmente vive allí.

La costa de La Jolla está formada por cabos rocosos separados por calas vírgenes y playas de arena. A lo largo de la playa, puedes encontrar diferentes hoteles y complejos turísticos, diseñados para que tu estancia sea un poco mejor.

La Playa del Pacífico Norte se extiende hasta La Jolla, viajando desde el Muelle Crystal en Pacific Beach. Si viajas al norte de esta zona, te encontrarás en las playas de La Jolla.

Si vas al extremo sur de la costa de La Jolla, encontrarás la Playa Windansea. Windansea Beach ha tenido durante mucho tiempo la reputación de ser un paraíso para los surfistas, aunque las playas empinadas y los acantilados rocosos pueden ser muy peligrosos si no se tiene cuidado.

Cerca del centro de La Jolla, hay una zona llamada Casa, que solía ser una piscina para niños. Hoy en día, la zona ha sido tomada por focas y leones marinos. Aunque los niños ya no pueden nadar aquí, es un gran pasatiempo tumbarse en la playa y verlos jugar.

Viajando a lo largo de la costa de La Jolla, encontrarás las pozas de marea. Estas piscinas son estupendas para observar, aunque no se deben tocar. Debes visitarlas durante la marea baja y asegurarte de llevar calzado con suela de goma, ya que pueden ser bastante resbaladizas.

La cala de La Jolla es muy hermosa, aunque es una de las playas más pequeñas de San Diego. A ambos lados de la cala, hay acantilados de arenisca. Esto ayuda a añadir una sensación de aislamiento a la cala.

En toda La Jolla, la Playa Shores es la más ancha y larga. Si miras a lo lejos en la playa, puedes ver el Muelle Scripps. También en la playa, se imparten clases de buceo para principiantes durante los meses de verano.

Con mucho que ofrecer a ti y a tu familia, las playas de La Jolla se encuentran entre las mejores de San Diego. Hay mucho que hacer y ver aquí, con restaurantes y natación. Para una gran visita a la playa, La Jolla parece simplificar lo mejor de la vida en California.

Playa Black

Black's Beach es una franja de playa de arena de tres kilómetros de largo situada en la base de los majestuosos acantilados que pueden alcanzar hasta 90 metros de altura. Formalmente conocida como Torrey Pines City Beach, es propiedad conjunta de la Ciudad de San Diego y el Estado de California. También hay un puerto de planeadores en lo alto del acantilado que domina la playa, donde se pueden ver planeadores colgantes e incluso planeadores de control remoto.

Acceder a Black's Beach no es fácil debido a los altos acantilados y a la falta de escaleras. El acceso más seguro es desde las playas adyacentes al norte y al sur, aunque este camino puede estar obstruido por las mareas altas o el oleaje.

Los acantilados aquí son inestables también, y los deslizamientos pueden ocurrir en cualquier momento, por lo que siempre es mejor mantenerse alejado de ellos. Tampoco hay un puesto de socorristas permanente en esta playa. Hay algunos de servicio a mediodía desde las vacaciones de primavera hasta finales de octubre.

Ten en cuenta que la mayoría de las playas de California experimentan corrientes de resaca muy fuertes. Black's Beach no es una excepción, ya que las corrientes de resaca pueden ser muy fuertes aquí. Para estar seguro, nada siempre cerca de la orilla o cerca de un socorrista.

La actividad acuática en Black's Beach está prácticamente sin regular. Los surfistas y los nadadores pueden mezclarse, pero todos deben tener cuidado y evitar hacerse daño.

Black's Beach es también una playa excelente para el surf, especialmente en el extremo sur. No se recomienda el buceo aquí, debido a los problemas de acceso y las condiciones del oleaje.

Aunque el acceso puede ser difícil, Black's Beach sigue siendo una playa excelente. Ofrece mucha tranquilidad, vistas y arena para los niños. Si nunca has estado aquí, esta playa puede resultar fácilmente una de tus favoritas en toda la zona de San Diego.

Piscina Infantil

También conocida como la Casa, la Piscina Infantil es una pequeña playa parcialmente protegida por un malecón. La intención original aquí era crear una zona de baño totalmente protegida, aunque la arena ha llenado ahora gran parte de la zona que existe en el interior del muro.

Esta es una playa muy hermosa, que ofrece varias vistas panorámicas. Casi todo el año, hay focas y leones marinos presentes en o cerca de la playa, con una reserva para estos mamíferos marinos, conocida como Seal Rock, un poco más lejos de la costa.

La Piscina Infantil se encuentra a poca distancia a pie de la zona comercial de la comunidad de La Jolla. Puedes encontrar zonas de parque con césped, a poca distancia al norte y al sur. Varias playas pequeñas también están cerca, incluyendo Wipeout Beach al sur y Shell Beach al norte.

La Piscina Infantil es también una playa popular para los buceadores debido a los arrecifes que se encuentran cerca de la costa. Estos mismos arrecifes pueden ayudar a crear corrientes muy fuertes y otros peligros, especialmente en condiciones de oleaje alto.

Protección de socorristas

Los socorristas están de servicio todos los días del año. En verano, el horario de los socorristas es normalmente de 9 de la mañana hasta el anochecer. Durante otras épocas del año, es posible que los socorristas no comiencen su servicio hasta las 10 de la mañana.

Cómo llegar

Desde el norte, toma la I-5 hasta La Jolla Village Drive, en dirección oeste. En la intersección señalizada, gira a la izquierda en Torrey Pines Road. Sigue esta carretera hasta Prospect Street y gira a la derecha. Estate atento a las señales y gira a la derecha en Coast Boulevard.

Desde el sur, toma la I-5 norte hasta La Jolla Parkway. Continúa siguiéndola, ya que se convertirá en Torrey Pines Road. Sigue esta carretera hasta Prospect Street y gira a la derecha. Estate atento a las señales y gira a la derecha en Coast Boulevard.

Aparcamiento

En La Jolla Cove, hay una cantidad muy limitada de aparcamiento en la calle. El aparcamiento en la calle puede ser muy difícil de encontrar, especialmente en verano. Está limitado a tres horas en días laborables, aunque no hay límite los fines de semana.

Siempre debes comprobar las señales para cualquier tipo de restricción de aparcamiento. El aparcamiento de pago también está disponible en el centro de La Jolla en varios lugares y también está a un corto paseo de la playa.

Para un gran día de diversión, buceo, o simplemente disfrutar del agua, la Piscina Infantil en La Jolla es un gran lugar para ir. Siempre debes tratar de llegar temprano, ya que puede llenarse mucho en el verano. Una vez que llegues aquí, te encontrarás completamente asombrado con lo que la Piscina te ofrecerá a ti y a tu familia.

Hotel Empress

Situado en el corazón del encantador pueblo de La Jolla, el Hotel Empress es un palacio encantado situado a solo seis kilómetros al norte de Mission Bay. Añadiendo un poco más de belleza a la ya asombrosa San Diego, este hotel es muy popular entre los turistas.

Conocido por su cálida hospitalidad, el Hotel Empress cuenta con un alojamiento superior y un servicio muy atento. Este hotel superior es un lugar ideal para relajarse y disfrutar de todo lo que San Diego tiene para ofrecerle a usted y a su familia.

La Jolla es un complejo turístico costero de lujo que se encuentra en medio de hermosos acantilados y calas. La Jolla ofrece una gran cantidad de tiendas, restaurantes elegantes, galerías distintivas y playas increíbles. Al alojarse en el Hotel Empress quedará cautivado por la zona y se sorprenderá una y otra vez.

Lujo

Si busca un alojamiento de lujo, el Hotel Empress lo tiene. El alojamiento aquí incluye una cama king o dos camas queen, disponibles en varios tipos de habitaciones, incluyendo tradicional, deluxe, empress, e incluso la suite empress spa.

Todas las habitaciones del Hotel Empress cuentan con:

• Televisión por cable

• Nevera

• Cafetera y agua embotellada

• Llamadas locales y fax gratuitos

• Buzón de voz y puertos de datos

• Baño privado con secador de pelo y albornoces

• Plancha y tabla de planchar

Servicios y comodidades

El Hotel Empress ofrece un servicio superior, como aparcamiento con asistencia, servicio de habitaciones cortés y otras comodidades. El desayuno continental deluxe de cortesía incluye café Starbucks recién hecho, servido en la terraza todas las mañanas. El restaurante Manhattan está a la vuelta de la esquina, y ofrece una excelente gastronomía. El hotel también ofrece un gimnasio, spa y sauna para que los huéspedes puedan mimarse. También pueden recomendarle spas locales y otras cosas cercanas que puedan interesarle.

Para aquellos que están en unas vacaciones de trabajo, el Hotel Empress ofrece acceso gratuito a Internet en dos plantas. Se pueden celebrar reuniones y conferencias privadas en una de las dos salas de reuniones, disponibles para grupos de hasta 50 personas. Ambas salas de reuniones están equipadas con acceso a Internet de alta velocidad.

Si va a alojarse en la zona de La Jolla, el Hotel Empress es uno de los mejores hoteles de la zona. El hotel está en una ubicación ideal, a minutos de algunas de las mayores atracciones que San Diego tiene para ofrecer.

Puede visitar Sea World, el Acuario Birch y muchas otras atracciones turísticas populares. Lo mejor de todo es que puede volver a su relajante hotel después de un día de visitar La Jolla y San Diego y simplemente relajarse, como siempre se ha pretendido en las vacaciones.

Cómo llegar a La Jolla

La Jolla, situada en California, está a 20 minutos en coche del centro de San Diego por la Interestatal 5 norte. Toma la salida de Ardath Road, que eventualmente se convertirá en Torrey Pines Road. Continúa hacia el oeste por esta carretera y llegarás al pueblo cuando veas Prospect Place. Gira a la derecha en Prospect Place y entrarás en el corazón de La Jolla.

De media, unas 7.000 personas visitan La Jolla cada día. Con tanta gente viniendo a un lugar tan pequeño, es casi seguro que encontrar una plaza de aparcamiento es una tarea difícil. No hay parquímetros, aunque muchas de las calles más cercanas al agua tienen límites de tiempo de una hora. Puedes ir un poco más lejos para aparcar durante dos horas, aunque tendrás que respetar los límites de tiempo. Incluso en temporada baja, el control del aparcamiento se aplica con rigor aquí.

Incluso durante la temporada baja, encontrar una plaza de aparcamiento es muy difícil. Las calles están casi siempre llenas, aunque por una buena razón. La Jolla es una excelente atracción turística, con mucha agua y diversión para toda la familia.

Si prestas atención cuando la visites, puedes encontrar algunos aparcamientos de pago que están dispersos por la ciudad. Si te acercas al centro de la ciudad, los aparcamientos serán un poco más baratos.

Tu mejor opción cuando visites La Jolla podría ser un aparcamiento que esté bien escondido, para que poca gente lo note. Si giras cuesta abajo en Coast Blvd desde Prospect, lo encontrarás a la izquierda, justo enfrente de la Tienda de la Cueva. Ten en cuenta, sin embargo, que los vehículos de más de 1,95 m no caben.

Playas de La Jolla

Desde las playas familiares que suelen preferir los turistas hasta las calas más apartadas que desean los surfistas, buceadores y nadadores, las playas de La Jolla ofrecen algo para todos. Desde Blacks Beach al norte y Wind and Sea Beach al sur, la costa de La Jolla está formada por escarpados acantilados de arenisca separados por calas y playas de arena.

Sus soleadas pero hermosas brisas y sus vistas perfectas son un paraíso vacacional para los turistas y un punto culminante de la recreación acuática para los lugareños. Hay siete playas únicas que salpican los once kilómetros de costa con un telón de fondo de propiedades inmobiliarias, complejos turísticos, acantilados, altas palmeras y un exuberante paisaje.

El centro de La Jolla está convenientemente situado cerca de la mayoría de las playas, que no sólo ofrecen aparcamiento para los visitantes de la playa, sino también una gran cantidad de restaurantes elegantes, cafés íntimos, cultura, galerías de arte y otros tipos de comodidad comercial.

Entre el mediodía y las 4 de la tarde, las multitudes en cualquiera de las playas de La Jolla pueden ser muy grandes. El mejor consejo cuando se visita cualquiera de las playas de La Jolla es venir a la playa temprano y quedarse hasta tarde, para que pueda disfrutar de la magia de las puestas de sol y las vistas del atardecer desde el horizonte del océano.

Cada playa de La Jolla le ofrecerá algo único con diferentes maneras de disfrutar de la felicidad de sus vacaciones. La Jolla Shores es la playa más popular para las familias con la mayor expansión de playas planas y arenosas. Si le gusta observar a la gente, tomar el sol y pasar días de ocio en la playa, La Jolla Shores es donde quiere estar.

La Jolla Cove es otra playa excelente, con escarpados acantilados de arenisca que ofrecen vistas increíbles y el paraíso de aguas azules brillantes por el que es conocida la cala. La Jolla Cove es el sueño de todo nadador hecho realidad gracias a sus suaves aguas. Junto con la Piscina Infantil, la Cala es rica en arrecifes que atraen a buceadores y practicantes de snorkel por la abundancia de vida marina.

Hay varias cuevas de La Jolla que fueron talladas por la naturaleza en los acantilados de arenisca entre La Jolla Cove y La Jolla Shores que ayudan a atraer a los kayakistas oceánicos de todo el mundo. Hay una cueva en particular, conocida como "Sunny Jim Cave", a la que se puede acceder a través de un túnel artificial que conduce a un empinado descenso a través de un estrecho tubo subterráneo hasta una plataforma de madera.

Con un montón de playas a lo largo de la costa, La Jolla es el lugar para estar durante los meses de verano. La Jolla es una atracción turística muy conocida, con más de 7.000 personas que la visitan a diario. Si te gusta la playa, La Jolla te va a parecer el cielo en la tierra.

La Jolla Cove

La Cala de La Jolla se encuentra debajo del Parque Ellen Browing Scripps en el centro de La Jolla. La parte arenosa de la playa es bastante pequeña, con muchos acantilados rocosos. Durante la marea alta, las rocas circundantes atrapan el agua que queda como mini piscinas de marea cuando la marea baja, dando a los niños y adultos algo que mirar.

La Jolla Cove, 1100 Coast Boulevard, es una playa muy pequeña que está escondida entre acantilados de piedra arenisca adyacentes. Debido a su asombrosa belleza, la Cala es una de las playas más fotografiadas del sur de California. Aunque está a poca distancia a pie de la zona comercial de la comunidad de La Jolla, la Cala conserva un estilo propio.

La orientación norte tiene una cantidad inusual de arena gruesa. La zona de césped del Parque Scripps está al otro lado y proporciona una gran zona para hacer picnics. La visibilidad del agua en la Cala a veces puede superar los 9 metros, lo que la convierte en una zona muy popular para los buceadores y los que practican snorkel.

La Cala se encuentra dentro de la Reserva Ecológica del Parque Submarino de San Diego, lo que ayudará a asegurar que toda la vida marina siga siendo abundante. Esta zona es de mirar pero no tocar, y la posesión de caza está prohibida por la ley.

La Jolla Cove es una zona excelente para el buceo, especialmente cuando las condiciones del oleaje son bajas. Antes de ir a la playa, siempre debes llamar a la línea de información de la playa y consultar con los socorristas antes de bucear.

Con mucho que ofrecer a toda la familia, La Jolla Cove es una playa excelente. Hay mucho para nadar aquí, con vistas a las aguas más hermosas de la zona. Si buscas una buena manera de pasar un caluroso día de verano, La Jolla Cove es el lugar.

Entretenimiento en La Jolla

Cada año, La Jolla atrae a innumerables turistas de todo el mundo. Con su terreno pintoresco, sus increíbles vistas y su encantadora cultura, La Jolla es un paraíso para los visitantes. El entretenimiento de la zona también complace constantemente a la creciente población turística, atendiendo a una amplia variedad de gustos.

Arte

La Jolla florece y asombra con sus distinguidas galerías de arte. La comunidad celebra una amplia gama de arte, aunque la mayoría de las galerías tienden a favorecer las piezas contemporáneas. La Galería Quint destaca el arte moderno, con pinturas al óleo y acuarelas, junto con fotografía y esculturas.

La Galería La Jolla ofrece varios artistas contemporáneos europeos y americanos, albergando tanto pinturas como esculturas. Justo al final de la calle se encuentra la Galería Carlton, dedicada a la escultura, y que también exhibe arte oriental.

Música

Aunque el arte domina claramente la atmósfera cultural de La Jolla, la música no se descuida. Una variedad de estilos dan vida a la música para los turistas y los residentes locales. La Biblioteca de Música y Artes Athenaeum tiene una colección de libros y otras piezas dedicadas al mundo musical.

Durante el verano, los Conciertos junto al Mar en La Jolla son muy populares entre los lugareños y los turistas. Situada en La Jolla Cove, esta serie anual de conciertos presenta música en vivo en un entorno oceánico.

Teatro y cine

El La Jolla Playhouse es el teatro más popular de la zona. El teatro existe desde hace muchos años, y ahora es conocido por sus nuevas obras. Para el mundo del cine, el Cove Theater es un cine a la antigua usanza que proyecta películas independientes y extranjeras que a menudo son descuidadas por los cines convencionales.

Vida nocturna

La vida nocturna en La Jolla es animada y muy enérgica. The Spot es un lugar nocturno popular, situado en La Jolla Village. Otro gran lugar es Humphrey's La Jolla Grill. Para aquellos que buscan reírse, The Comedy Store es muy recomendable.

Actividades al aire libre

La soleada zona de La Jolla también sorprende con sus actividades al aire libre. Puedes ver vistas panorámicas del condado de San Diego desde el Monte Soledad o escalar las misteriosas cavernas que ofrecen las Cuevas de La Jolla.

Los aficionados al golf no querrán perderse el campo de golf de Torrey Pines, que es el único campo público de todo el circuito de la PGA. Aquellos que buscan aventura pueden querer ver La Jolla desde el aire con un viaje aéreo desde el puerto de planeadores de Torrey Pines.

Tanto si buscas arte, vida nocturna o aventura al aire libre, La Jolla tiene el entretenimiento que deseas. Hay muchas cosas que hacer aquí, lo que da a los turistas más de una razón para volver a por más.

La Jolla Shores

Situada en el 8200 Camino del Oro, La Jolla Shores es una playa de arena de aproximadamente un kilómetro y medio de largo, adyacente a una vivienda residencial. Durante los meses de verano, las olas en esta playa son normalmente las más suaves de todas las playas de San Diego, aunque las corrientes de resaca pueden ser muy fuertes a veces.

Por esta misma razón, las clases de buceo para principiantes se imparten en La Jolla Shores. El parque de césped de Kellogg Park se encuentra detrás del puesto principal de socorristas y proporciona una excelente zona para hacer picnics. Un ancho paseo marítimo de cemento es paralelo a una gran zona de la playa entre la arena y el parque.

La playa de La Jolla Shores es adyacente a la Reserva Ecológica Submarina de San Diego La Jolla. La extracción de objetos de esta zona, así como la pesca, están prohibidas. El Muelle Scripps se encuentra en el extremo norte de la playa, aunque el muelle no está abierto al público.

Dentro de los límites de la ciudad, La Jolla Shores tiene la única rampa para barcos frente a la playa. Se pueden botar pequeñas embarcaciones directamente en el oleaje al pie de la Avenida de la Playa, que está al sur del puesto de socorristas. Esta puede ser una zona de terreno accidentado, por lo que es posible que necesite un vehículo con tracción en las cuatro ruedas.

Si te gusta surfear, hay zonas específicas en la playa donde las olas tienden a ser pequeñas. Para el buceo, el extremo sur de la playa es ampliamente utilizado por las clases de buceo.

Durante los meses de verano, La Jolla Shores puede tender a estar muy concurrida. Debes intentar ir por la mañana, ya que las multitudes no son tan malas. Esta es una gran playa durante esos calurosos días de verano, con mucho que hacer para toda tu familia.

Playa de Marine Street

Situada cerca de la comunidad de lujo de La Jolla, la playa de Marine Street es un pequeño grupo de tiendas de ropa de alta gama, hoteles, tiendas y galerías. La playa también es legendaria para los surfistas de cuerpo y bodyboarders debido a sus olas atronadoras que siempre parecen estrellarse en la costa en el momento adecuado.

Ten en cuenta que esta playa puede no ser ideal para familias, ya que no hay baños públicos, zonas de picnic, y las condiciones de oleaje no son adecuadas para los niños. Si tienes una familia, es posible que quieras buscar otra playa.

Aunque no es la mejor playa para familias, Marine Street Beach ofrece mucha privacidad y una hermosa arena blanca que puede hacer que sea un día divertido para tomar el sol con los amigos.

Las olas bravas que se encuentran en esta playa han sido conocidas por herir gravemente a nadadores y bodyboarders en el pasado. Si no tienes mucha experiencia con el agua, siempre debes asegurarte de respetar tanto el agua como las olas aquí.

Durante los meses de verano y los fines de semana de mayor afluencia durante el otoño y la primavera, hay socorristas apostados en la playa. Debes planear aparcar en la calle en Marine Street Beach, ya que no hay aparcamientos públicos. Debes intentar llegar temprano, ya que puede ser muy difícil encontrar una plaza de aparcamiento, especialmente durante el verano y los fines de semana.

Cómo llegar

Si vienes del norte, toma la I-5 sur. Toma la salida de Genessee Avenue, dirígete al oeste y gira a la izquierda en Torrey Pines Road. Baja la colina hacia el centro de La

Jolla, gira a la izquierda en Girad Avenue y luego a la derecha en Pearl Street. Gira a la izquierda en La Jolla Boulevard y luego a la derecha en Marine Street.

Desde el sur, toma la I-5 norte hasta Torrey Pines Road. Una vez que llegues al centro de La Jolla, simplemente sigue las mismas indicaciones de arriba.

Monte Soledad

El Monte Soledad, en la hermosa La Jolla, te da la oportunidad de disfrutar de unas increíbles vistas de 360 grados bajo la sombra de una imponente cruz. A lo largo de la cima, hay muchas placas de veteranos. El Monte Soledad es realmente espléndido a la vista, ya que es un elemento muy conocido de la zona de La Jolla.

En el Monte Soledad, te encuentras a más de 240 metros de altura bajo la sombra de una cruz de 13 metros de altura y disfrutas de las vistas y el esplendor que proporciona el monte. Puedes disfrutar de un picnic aquí, de las vistas panorámicas o simplemente ver la puesta de sol. El Monte Soledad es también un gran lugar para tomar fotos, si te gusta tomar fotos.

Belleza - dondequiera que mires

Debajo del Monte Soledad se encuentran las brillantes aguas de La Jolla Shores y los tejados de terracota de aquellos que son muy afortunados. Al norte tienes la costa que se extiende hasta el Condado de Orange.

Al sur del Monte Soledad hay vistas de México con el horizonte de la ciudad y todo lo demás que la zona tiene para ofrecer. Y hacia el este, hay vistas hasta donde alcanza la vista.

La Cruz

Te preguntarás qué es la cruz y para qué sirve. La historia se remonta a 1913, cuando los residentes de Pacific Beach construyeron una cruz de madera roja y la colocaron en la cima de la montaña. Los ladrones la retiraron diez años después, y la sustituta se creó en 1934, que fue derribada por los fuertes vientos en 1952.

Poco después, la Asociación Conmemorativa del Monte Soledad construyó la cruz actual para conmemorar a los soldados de la Guerra de Corea y de las dos guerras mundiales. La cruz del Monte Soledad ha sido objeto de controversia, aunque el problema pareció resolverse a finales de los años noventa. El Ayuntamiento de San Diego vendió la cruz y el medio acre de terreno que la rodea a la Asociación Conmemorativa.

En 2002, se instalaron mini muros para honrar a los veteranos que se encuentran debajo de la cruz, aunque han alimentado más controversia por parte de aquellos que sienten que el imponente símbolo destaca a los veteranos cristianos sobre otros que están allí.

Para los que viven en la zona, el Monte Soledad y la Cruz son una verdadera belleza. Para los visitantes y turistas, el Monte Soledad ofrece unas vistas increíbles y la Cruz parece añadir al detalle.

Si alguna vez visitas La Jolla, asegúrate de visitar el Monte Soledad. Está muy cerca del centro de la ciudad, y será una cosa de la que te alegrarás de haber sacado tiempo. La cruz es algo que simplemente debes ver, ya que las palabras no pueden describirla.

El Acuario Birch

Más pequeño e íntimo que otros acuarios, el Acuario Birch es un lugar donde puedes acercarte a todos los animales y aún así tomarte tu tiempo para simplemente disfrutar de estar allí.

Debido a su intimidad, tanto los adultos como los niños se sienten energizados por el acuario. Puedes ver a un pulpo fluir arriba y abajo del cristal, o ver a una medusa moverse lentamente por el agua. Esta es una excelente emoción para todos los miembros de tu familia.

La exposición más popular del Acuario Birch es la de los caballitos de mar. Ofrece muchas especies diferentes, desde los diminutos caballitos de mar en miniatura que miden menos de una pulgada de alto, hasta los más altos y asombrosos dragones de mar. Las numerosas exposiciones interactivas del acuario te ayudarán a conocer la historia de la oceanografía. Al realizar un viaje simulado en un sumergible de aguas profundas, aprenderás las maravillas y rarezas del océano profundo, aunque puede que se mueva demasiado despacio para los niños más pequeños. Los niños de todas las edades disfrutan de las exposiciones que ilustran cómo aparecen los productos del océano en los artículos cotidianos.

Si planeas tomar fotos de las exposiciones, ten en cuenta el cristal y los reflejos. Si puedes, acércate (a un pie de distancia) y coloca el flash en un ángulo de 45 grados. Asegúrate de no dejarte llevar por la toma de fotos dentro del acuario, ya que podrías perderte el espectáculo que se desarrolla en el exterior.

Si estás visitando La Jolla como unas vacaciones o si vives allí, el Acuario Birch merece una visita. Hay algunas exposiciones increíbles aquí, con algo para todos. Puedes pasar horas y horas aquí, lo que lo convierte en un lugar que no debes dudar en visitar.

Playa Windansea

Pasando todas las casas, hoteles y restaurantes de lujo de La Jolla, se encuentra la playa de Windansea. Bajando la colina, esta playa está flanqueada por surfistas y bañistas en los calurosos días de verano. Con acantilados de arenisca, una playa de arena y olas increíbles, la playa de Windansea ha sido un lugar popular para el surf desde la década de 1940 y un punto de encuentro del Windansea Surf Club desde la década de 1960.

La cabaña en la playa que fue construida por los surfistas durante la Segunda Guerra Mundial es ahora un sitio histórico de San Diego. La playa también es ideal para el bodysurf y el snorkel. El extremo norte de Windansea es bastante rocoso, mientras que el sur es más arenoso, ideal para caminar por la orilla del agua. También puedes disfrutar de un picnic en la hierba junto a la playa y disfrutar de las espléndidas vistas del Océano Pacífico.

En la playa de Windansea no hay baños. Durante los meses de verano, los socorristas están apostados a lo largo de la playa, incluso en algunos fines de semana de otoño y primavera. Hay zonas separadas para nadar y surfear en la playa, sin acceso para sillas de ruedas. Cuando la visites, puedes aparcar en la calle o probar el pequeño aparcamiento individual cerca de la playa.

Cómo llegar a la playa

Puedes encontrar Windansea alrededor del 6800 de Neptune Place. Desde el norte, sigue la I-5 sur hasta la salida de Genesee Avenue y luego dirígete al oeste. Gira a la izquierda en Torrey Pines Road y sigue la carretera hasta el centro de La Jolla. Gira a la izquierda en Girad Avenue y luego a la derecha en Pearl Street. Gira a la izquierda en La Jolla Boulevard y luego a la derecha en Nautilus Street y ya estás allí.

Desde el sur, sigue la I-5 norte hasta la salida de Ardath Road, Ardath Road se convertirá en Torrey Pines Road. Gira a la izquierda desde Torrey Pines Road hacia Girad Avenue. Gira a la derecha en Pearl Street y luego a la izquierda en La Jolla Boulevard. Toma la siguiente a la derecha en Nautilus Street y ya estás allí.

Windansea es posiblemente una de las playas más bonitas del sur de California, y un lugar ideal para paseos románticos al atardecer. Los padres deben tener precaución con los niños pequeños en la playa, ya que el oleaje a menudo rompe directamente en la orilla con mucha potencia intimidante.

Si planeas visitar la playa de Windansea, debes asegurarte de llegar temprano. Como en la mayoría de las playas de San Diego, llegar temprano te ayudará a conseguir el mejor aparcamiento y más privacidad cuando las multitudes empiecen a llegar. Windansea es una playa muy asombrosa y merece la pena visitarla en los calurosos días de verano.

ISLA CORONADO

En California, es bien sabido que las mejores playas de San Diego se encuentran en la Isla Coronado. Conectada al centro de San Diego por el Puente de la Bahía de la Isla, Coronado alberga el centro de entrenamiento de los SEAL y la Estación Aérea Naval de Coronado. Un centro neurálgico militar, la isla de Coronado siempre tiene algo que ofrecer.

Uno de los mayores atractivos de Coronado es el mundialmente famoso Hotel del Coronado. Este hotel costero de estilo victoriano, fundado en 1888, fue fácilmente uno de los hoteles más grandes y mejores de su época. En el pasado, el hotel recibió a la inigualable Marilyn Monroe y a los Duques de Windsor.

El Hotel del Coronado ofrece uno de los mejores servicios de California, junto con impresionantes vistas de la zona de San Diego. Su restaurante es uno de los mejores de la zona, e incluso si no se hospeda allí, puede disfrutar de una excelente comida. Cada año, miles de personas visitan Coronado solo para alojarse en este hotel de clase mundial; sí, es así de bueno.

El Ferry Landing también es una gran adición a lo que la Isla Coronado ofrece. El Ferry Landing Marketplace cuenta con más de 30 tiendas, restaurantes y galerías de arte. Puede pasear y explorar lo que el mercado ofrece o disfrutar de una visita al Parque Tidelands.

Hay excelentes lugares para caminar y andar en bicicleta, con impresionantes vistas del horizonte de San Diego. Al atardecer, este es uno de los mejores lugares para estar. Los martes, también se puede encontrar un mercado de agricultores.

La playa de Coronado también se encuentra aquí, a lo largo del Travel Channel. Al norte de la playa, se encuentra la *Playa de la Mejor Escapada de Fin de Semana*. Incluso en verano, la playa de Coronado no está llena, lo que le da a su familia mucho espacio para disfrutar de las maravillas de una de las mejores playas de California.

Desde el Glorietta Bay Inn en Coronado, puede realizar un recorrido a pie. Los recorridos salen varias veces a la semana, mostrándole todo lo que la zona tiene para ofrecer. Esta es una excelente manera de aprender más sobre el área. O, si lo prefiere, puede dejar que alguien más conduzca y probar un recorrido en bicitaxi.

Para los románticos, el crucero en góndola ayuda a aliviar las presiones de la vida. Un paseo romántico por los canales de Coronado Cays puede ser un gran descanso de la rutina.

Puede llegar a la Isla Coronado desde San Diego tomando la salida del Puente de la Bahía de Coronado en la I-5. Por agua desde San Diego, puede tomar el ferry de Coronado que sale cada hora de 9 AM a 10 PM. Caminar desde Ferry Landing hasta el Hotel del Coronado toma un poco más de una milla.

OCEAN BEACH, SAN DIEGO

Ubicada en la comunidad de Ocean Beach, esta playa se encuentra justo al sur de la entrada al canal de Mission Bay. Situada en 1950 Abbott Street, es un lugar muy popular en el verano. Durante los meses de invierno, a las parejas les gusta caminar por la playa y simplemente disfrutar de su atmósfera.

La playa de Ocean Beach es amplia, de aproximadamente una milla de largo. En el extremo norte, encontrarás una cancha de voleibol. Durante el verano, la cancha siempre está llena de gente jugando voleibol, mientras que la arena a su alrededor está llena de espectadores.

En el extremo sur de la playa, se encuentra el muelle municipal de Ocean Beach. El muelle está abierto al público y ofrece amplias posibilidades para caminar y pescar. En el muelle hay una tienda de cebos y aparejos de pesca, junto con un restaurante. Aunque no se necesita una licencia de pesca para pescar desde el muelle, se aplican las regulaciones de captura.

Si caminas hacia el extremo sur de la playa, encontrarás numerosos restaurantes, tiendas de surf y muchos otros comercios y establecimientos. Si bien puedes ir al extremo norte de Ocean Beach, esta zona está principalmente rodeada por residentes del área costera.

La parte única de Ocean Beach es Dog Beach, ubicada en el extremo norte. Esta área arenosa es donde los perros pueden correr y jugar sin correa, en cualquier momento, de día o de noche. Aunque los dueños de los perros son responsables de sus mascotas y de su limpieza, Dog Beach es realmente un lugar estupendo para quienes tienen perros.

Para tu protección a lo largo de la playa, hay socorristas todos los días, durante todo el año. Generalmente están de servicio desde las 9 a. m. hasta el anochecer, aunque puedes consultar con ellos sus horarios específicos de operación. Están allí para tu protección y muy dispuestos a responder cualquier pregunta que puedas tener.

Ten en cuenta que, en las playas de California, se producen fuertes corrientes de resaca. Debido a estas corrientes, en las playas de California se realizan más de 1,000 rescates por parte de los socorristas cada año. Para estar seguro mientras te encuentras en Ocean Beach, San Diego, siempre es una buena idea nadar cerca de un socorrista.

Para aquellos que disfrutan del surf, este deporte está permitido en Ocean Beach en áreas designadas. Sin embargo, no se recomienda el buceo debido a la falta de vida submarina, las fuertes corrientes de resaca y el oleaje.

Ya sea para nadar o disfrutar del estilo de vida californiano, Ocean Beach es un gran lugar para visitar. Es un lugar muy popular en el verano, atrayendo a cientos de miles de personas. Si anhelas una muestra del estilo de vida californiano, asegúrate de visitar Ocean Beach en San Diego.

BELMONT PARK

Ubicado en el soleado San Diego, Belmont Park es uno de los mejores parques de diversiones de la ciudad. Con una gran variedad de atracciones para toda la familia, este parque tiene algo para todos. Con juegos mecánicos para grandes y pequeños, y prácticamente todo lo demás, Belmont Park ofrece una aventura emocionante.

La atracción más distintiva del parque es la montaña rusa Giant Dipper. Construida en 1925 y restaurada a lo largo de los años, esta montaña rusa es verdaderamente única, ya que ofrece caídas rápidas, colinas empinadas y ¡una velocidad increíble!

Belmont Park también ofrece *Flowrider*, la ola sin fin, perfecta para los amantes del surf. *Flowrider* ofrece sesiones por hora e incluso lecciones para principiantes. Si las olas no son lo tuyo, puedes optar por los autos de choque o el *Chaos*. *Chaos* se asemeja a una rueda de la fortuna, pero crea un balanceo tridimensional aleatorio. ¡Cada vez que subes, la experiencia es diferente!

Para los entusiastas de los videojuegos, hay una sala de juegos familiar y *Gamelords*. Esto crea la mejor experiencia de juego, manteniendo a niños, adolescentes e incluso adultos entretenidos durante horas.

Otras atracciones del parque incluyen *Vertical Plunge*, *Krazy Kars* y la famosa piscina "The Plunge". *The Plunge* es una gran atracción y, de hecho, es la piscina cubierta climatizada más grande de San Diego. Perfecta para nadar, bucear y simplemente disfrutar, *The Plunge* es una maravilla.

Si buscas emociones fuertes, el *Crazy Submarine* y el trampolín te ayudarán a sentir la adrenalina. Para poner a prueba tus límites, el muro de escalada (*Rock Wall*) ofrece un desafío único. Cualquiera que quiera intentarlo, puede escalar y ver si realmente tiene lo que se necesita para llegar a la cima.

Una vez que hayas disfrutado de las atracciones, hay una gran variedad de otras actividades y eventos para mantenerte ocupado. En Belmont Park, siempre hay algo que hacer. Siendo San Diego una atracción turística, puedes apostar a que el entretenimiento en Belmont Park es espectacular.

Para los niños, Belmont Park ofrece ofertas inigualables en fiestas de cumpleaños o fiestas privadas. Si decides celebrar una fiesta aquí, prácticamente puedes alquilar una parte del parque para ti. Para los niños, esto puede ser un recuerdo inolvidable.

Cerrado de lunes a jueves, Belmont Park abre los viernes y sábados de 11:00 a. m. a 10:00 p. m. y los domingos de 11:00 a. m. a 8:00 p. m. Aunque el parque está cerrado los días festivos principales, puedes visitarlo los fines de semana y disfrutar del mejor entretenimiento.

Para completar tu diversión, asegúrate de hacer algunas compras y disfrutar de la comida. Belmont Park tiene excelentes opciones gastronómicas y comerciales, lo que te da más de una razón para visitar el parque y quedar maravillado, verdaderamente maravillado.

OLD TOWN

Ciudad Vieja San Diego sirve como una recreación de la vida en la era temprana americana y mexicana, entre 1821 y 1872. Perfectamente situado en San Diego, el parque ayuda a recrear lo que una vez fue esta ciudad. Sin duda, un viaje a California no está completo sin una visita al Viejo San Diego.

Alrededor de los cinco adobes del complejo principal, se encuentran tiendas, un museo y varios restaurantes. En el patio del jardín, la mansión La Casa evoca el sabor del antiguo pueblo. A poca distancia de allí, el museo está repleto de artefactos que reflejan la vida de antaño.

El Viejo San Diego también cuenta con una herrería, una escuela y varios otros edificios históricos, incluyendo la primera oficina de periódico de la ciudad. Este es un lugar verdaderamente digno de visitar, especialmente para aquellos que desean aprender más sobre la historia de San Diego.

La ciudad de San Diego fue el primer asentamiento español en California. Esto ocurrió con el establecimiento de un fuerte y una misión en 1769. En aquel entonces, California apenas comenzaba a establecerse, por lo que no se acercaba al estado ni al tamaño que tiene hoy.

Al visitar Ciudad Vieja San Diego, asegúrese de visitar el Centro de Visitantes Casa Robinson-Rose. Este centro, ahora reconstruido, exhibe una maqueta del Viejo San Diego tal como se veía en 1872. La maqueta fue creada por Joseph Toigo.

Ciudad Vieja San Diego también ofrece exhibiciones, programas e incluso visitas guiadas que muestran cómo era la vida en el pasado. Puede realizar un recorrido personal con un guía que le mostrará los alrededores y le explicará los detalles.

Además de los edificios mencionados, el Parque Histórico del Viejo San Diego alberga otras joyas arquitectónicas. La Casa de Estudillo, por ejemplo, es una de las casas más grandes y mejor conservadas del parque, ofreciendo una visión de la vida de una familia adinerada de la época. También se puede visitar la Casa de Bandini, que fue un importante centro social y político en el siglo XIX. Cada edificio cuenta una historia única y contribuye a la rica narrativa del pasado de San Diego.

El parque también se esfuerza por recrear la atmósfera del Viejo San Diego a través de demostraciones de oficios tradicionales. Los visitantes pueden observar a artesanos trabajando el cuero, la plata y otros materiales, utilizando técnicas que se han transmitido de generación en generación. Estas demostraciones no solo son entretenidas, sino que también ofrecen una valiosa oportunidad para aprender sobre las habilidades y los oficios que eran esenciales para la vida cotidiana en el siglo XIX.

La gastronomía también juega un papel importante en la experiencia del Viejo San Diego. Además de los restaurantes que ofrecen cocina tradicional mexicana, el parque alberga eventos especiales y festivales que celebran la cultura culinaria de la región. Desde degustaciones de comida hasta demostraciones de cocina, los visitantes pueden deleitarse con los sabores auténticos del pasado.

Para aquellos interesados en profundizar en la historia de la región, el parque ofrece una variedad de recursos educativos. Además de las exhibiciones en los museos, se pueden encontrar libros, mapas y otros materiales en la tienda de regalos del parque. El personal del parque también está disponible para responder preguntas y proporcionar información adicional sobre la historia del Viejo San Diego.

Planificar su visita con anticipación puede mejorar su experiencia en Ciudad Vieja San Diego. El sitio web del parque proporciona información actualizada sobre horarios, eventos especiales y precios de las entradas. También se recomienda consultar el pronóstico del tiempo antes de su visita, ya que el clima de San Diego puede variar a lo largo del año.

Durante su visita al parque, también puede disfrutar de un picnic en una de las áreas designadas o comprar comida en uno de los numerosos vendedores. Hay servicios disponibles, incluyendo baños.

Aquellos que viven en San Diego pueden encontrar Ciudad Vieja San Diego en la Avenida San Diego y la Calle Twiggs. Al estar cerca del centro de la ciudad, visitar el parque es más fácil de lo que imagina. Si vive en la ciudad pero nunca ha visitado el parque, debería pasar y echar un vistazo.

Ya sea en vacaciones o en una visita a la ciudad, el Viejo San Diego le transporta al pasado. Hay mucho que ver y un gran valor histórico. Todo lo que necesita hacer es visitar el parque y descubrir cómo era la vida en otros tiempos.

PACIFIC BEACH

Pacific Beach, cariñosamente conocido como "PB" por los locales, es uno de los barrios más emblemáticos de San Diego, California. Esta vibrante comunidad costera se extiende a lo largo de casi tres kilómetros de costa dorada, donde las olas del Océano Pacífico besan incansablemente la orilla. El ambiente relajado y despreocupado de esta zona refleja perfectamente el estilo de vida californiano que tanto cautiva a visitantes de todo el mundo. Los edificios de baja altura y las casas de playa pintadas en colores pastel crean un paisaje urbano único que contrasta maravillosamente con el azul intenso del océano. La historia de Pacific Beach se remonta a finales del siglo XIX, cuando comenzó como una tranquila comunidad de pescadores y agricultores.

El famoso malecón de Pacific Beach, conocido como Ocean Front Walk, es el corazón palpitante de esta comunidad costera. Este paseo marítimo pavimentado se extiende por más de cinco kilómetros, conectando Pacific Beach con Mission Beach hacia el sur. Los patinadores, ciclistas y peatones comparten este espacio público mientras disfrutan de vistas panorámicas del océano. Los vendedores ambulantes ofrecen una variedad de productos locales, desde artesanías hasta helados artesanales. Las palmeras que bordean el malecón proporcionan sombra y añaden un toque tropical al paisaje.

La playa principal de Pacific Beach es un paraíso para los amantes del sol y el mar. Las aguas cristalinas invitan a los nadadores y surfistas durante todo el año, gracias al clima mediterráneo de San Diego. Los principiantes pueden tomar clases de surf en las numerosas escuelas locales que ofrecen instructores experimentados. Las olas consistentes hacen de esta playa un lugar ideal para practicar deportes acuáticos. Los salvavidas vigilan la zona durante todo el año, garantizando la seguridad de los visitantes.

Garnet Avenue, la arteria principal de Pacific Beach, es un festín para los sentidos. Los restaurantes de cocina internacional se alternan con boutiques de moda y tiendas de surf. Los aromas de la cocina mexicana se mezclan con el aire salado del mar, mientras que los cafés sirven desayunos abundantes a los madrugadores. Las tiendas especializadas ofrecen desde tablas de surf hasta ropa de playa de diseñador. Los bares y clubes nocturnos cobran vida al atardecer, convirtiendo la avenida en un centro de entretenimiento nocturno.

La cultura local de Pacific Beach está profundamente arraigada en el surf y el estilo de vida playero. Los residentes, una mezcla ecléctica de estudiantes universitarios, jóvenes profesionales y familias, mantienen vivo el espíritu relajado de la comunidad. Los cafés locales sirven como puntos de encuentro donde los surfistas comparten historias sobre las olas de la mañana. Los artistas callejeros añaden color y música a las esquinas. Los mercados de agricultores semanales reúnen a productores locales y artesanos.

Crystal Pier, construido en 1927, es uno de los lugares más fotogénicos de Pacific Beach. Las cabañas históricas sobre el muelle ofrecen una experiencia única de alojamiento sobre el océano. Los pescadores se reúnen en el muelle desde el amanecer, esperando pacientemente su captura del día. Las puestas de sol desde el pier son espectaculares, con el sol hundiéndose en el horizonte del Pacífico. Los fotógrafos, tanto profesionales como aficionados, encuentran en este lugar el escenario perfecto para sus capturas.

Los parques y espacios verdes de Pacific Beach proporcionan un respiro del bullicio playero. Kate Sessions Park, ubicado en una colina con vistas panorámicas de la bahía y la ciudad, es perfecto para picnics y actividades al aire libre. Los jardines comunitarios muestran la dedicación de los residentes por mantener espacios verdes en la zona. Los parques infantiles modernos y bien mantenidos hacen las delicias de las familias con niños. Las áreas para perros permiten que las mascotas también disfruten del estilo de vida al aire libre.

La gastronomía en Pacific Beach es tan diversa como su población. Los restaurantes frente al mar sirven pescados y mariscos frescos capturados localmente. Las taquerías auténticas ofrecen sabores mexicanos tradicionales que reflejan la proximidad con la frontera. Los brunch spots son famosos por sus benedictinos creativos y mimosas sin fondo. Los food trucks estacionados estratégicamente ofrecen opciones gourmet para todos los presupuestos.

Las actividades recreativas en Pacific Beach son prácticamente infinitas. Los entusiastas del fitness aprovechan el clima perfecto para hacer yoga en la playa al amanecer. Las empresas de alquiler ofrecen equipos para todo tipo de deportes acuáticos, desde paddleboarding hasta kayaking. Los grupos de corredores organizan carreras semanales a lo largo del malecón. Las clases de baile en la playa y los torneos de voleibol mantienen activa a la comunidad.

El compromiso ambiental es evidente en toda la comunidad de Pacific Beach. Los programas de limpieza de playa regulares mantienen la costa prístina y segura para la vida marina. Los restaurantes locales participan en iniciativas sostenibles, utilizando productos biodegradables y reduciendo el uso de plásticos. Las organizaciones comunitarias educan a residentes y visitantes sobre la importancia de la conservación marina. Los murales y el arte público frecuentemente abordan temas ambientales.

La vida nocturna en Pacific Beach ofrece opciones para todos los gustos. Los bares frente al mar sirven cócteles tropicales mientras los clientes disfrutan de la brisa oceánica. Los clubes de baile atraen a una multitud joven y enérgica con música en vivo y DJs reconocidos. Los bares deportivos transmiten eventos deportivos importantes en pantallas gigantes. Los pubs tradicionales ofrecen una amplia selección de cervezas artesanales locales.

El transporte en Pacific Beach es conveniente y variado. El servicio de autobús conecta el área con el centro de San Diego y otras atracciones principales. Los servicios de bicicletas y scooters compartidos proporcionan opciones eco-amigables para explorar el vecindario. Los estacionamientos públicos están estratégicamente ubicados cerca de las principales atracciones. Los taxis acuáticos ofrecen una forma única de viajar a lo largo de la costa durante el verano. Los senderos para bicicletas bien mantenidos facilitan el transporte sostenible.

SEA WORLD

SeaWorld San Diego, ubicado en la hermosa ciudad costera de San Diego, California, es uno de los parques temáticos más emblemáticos de los Estados Unidos. Fundado en 1964, este parque marino ha sido durante décadas un destino favorito para familias y amantes de la vida marina. El parque se extiende sobre 190 acres junto a la pintoresca Mission Bay, ofreciendo vistas espectaculares del océano Pacífico. Los visitantes pueden disfrutar de una combinación única de entretenimiento, educación y conservación marina. El parque mantiene los más altos estándares de cuidado animal y participa activamente en programas de investigación y rescate marino.

Una de las atracciones más populares del parque es el famoso espectáculo de orcas "Orca Encounter". Durante esta presentación educativa, los visitantes aprenden sobre el comportamiento natural de estas majestuosas criaturas en su hábitat. Los entrenadores demuestran cómo se comunican con las orcas y explican sus patrones de alimentación. Los espectadores quedan maravillados con la gracia y potencia de estos cetáceos. Las gradas del estadio ofrecen una vista perfecta para capturar fotografías memorables. La presentación combina elementos educativos con momentos espectaculares que dejan sin aliento a los espectadores.

El Dolphin Stadium es otro punto destacado que ningún visitante debe perderse. Los delfines demuestran su extraordinaria inteligencia y agilidad en shows interactivos que cautivan a audiencias de todas las edades. Los entrenadores comparten datos fascinantes sobre estas carismáticas criaturas marinas. Los espectadores pueden aprender sobre las diferentes especies de delfines que habitan nuestros océanos. Las presentaciones incluyen elementos acrobáticos impresionantes que muestran la increíble capacidad atlética de estos mamíferos marinos. Los niños quedan especialmente encantados con la personalidad juguetona de los delfines.

El acuario Explorer's Reef transporta a los visitantes a un mundo submarino lleno de maravillas. Los tanques cristalinos albergan miles de peces tropicales de colores vibrantes. Los visitantes pueden tocar mantarrayas y tiburones bambú en piscinas especialmente diseñadas para la interacción. Los expertos marinos están siempre presentes para responder preguntas y compartir información interesante.

Las exhibiciones están diseñadas para simular los ecosistemas naturales de las diferentes especies. La iluminación y el diseño del acuario crean una atmósfera inmersiva que hace sentir a los visitantes como si estuvieran buceando en el océano.

La montaña rusa Electric Eel ofrece emociones fuertes para los amantes de la adrenalina. Esta moderna atracción alcanza velocidades de hasta 62 millas por hora y presenta múltiples inversiones. Los pasajeros experimentan la sensación de ingravidez mientras la montaña rusa serpentea por sus rieles. La altura máxima de la atracción proporciona vistas panorámicas espectaculares de San Diego. Los efectos especiales y la iluminación añaden un elemento extra de emoción a la experiencia.

El área de Turtle Reef es un santuario dedicado a las tortugas marinas. Los visitantes pueden observar diferentes especies de tortugas nadando graciosamente en un enorme tanque de 280,000 galones. Las exhibiciones interactivas educan sobre los desafíos que enfrentan estas antiguas criaturas en la naturaleza. Los programas de conservación y rescate de tortugas son explicados en detalle. Las pantallas táctiles permiten a los visitantes aprender sobre el ciclo de vida de las tortugas y sus patrones migratorios. La iluminación especial permite ver claramente los patrones únicos de los caparazones de cada tortuga.

El Penguin Encounter ofrece una experiencia única con diferentes especies de pingüinos. La exhibición mantiene temperaturas frías para replicar el hábitat natural de estas aves. Los visitantes pueden observar a los pingüinos nadando, jugando y alimentándose. Las ventanas subacuáticas permiten ver la increíble agilidad de los pingüinos bajo el agua. Los guías comparten información fascinante sobre las diferentes especies y sus comportamientos sociales. La exhibición también educa sobre el impacto del cambio climático en las poblaciones de pingüinos.

La zona de Sea Lion Point permite a los visitantes conectar con leones marinos y focas. Los anfiteatros naturales ofrecen excelentes puntos de observación para ver estos animales en su elemento. Los espectáculos cómicos protagonizados por leones marinos demuestran su inteligencia y personalidad. Los visitantes pueden aprender sobre los esfuerzos de rescate y rehabilitación de mamíferos marinos. Las presentaciones educativas explican la importancia de estos animales en el ecosistema marino.

El Wild Arctic transporta a los visitantes al Ártico mediante una combinación de exhibiciones vivas y experiencias simuladas. Los visitantes pueden observar belugas, morsas y focas en sus hábitats refrigerados. La atracción incluye una emocionante simulación de vuelo sobre el Ártico. Las exhibiciones educativas explican el impacto del cambio climático en la región ártica. Los visitantes pueden aprender sobre las adaptaciones únicas de los animales árticos para sobrevivir en condiciones extremas.

Los jardines y áreas de descanso del parque ofrecen espacios tranquilos para relajarse. Los paisajes están cuidadosamente diseñados con plantas nativas y exóticas. Las fuentes y elementos acuáticos crean un ambiente refrescante. Los bancos y áreas sombreadas proporcionan lugares perfectos para descansar entre atracciones. Los jardines también sirven como hábitat para aves locales y mariposas.

Los restaurantes y puestos de comida del parque ofrecen una variada selección gastronómica. Los visitantes pueden disfrutar de mariscos frescos y platos internacionales. Las opciones vegetarianas y veganas están disponibles en varios establecimientos. Los restaurantes temáticos combinan gastronomía con entretenimiento. Las áreas de picnic permiten a las familias traer su propia comida y disfrutar de las vistas.

Las tiendas de recuerdos ofrecen una amplia selección de productos temáticos marinos. Los visitantes pueden encontrar peluches, ropa y accesorios con motivos de sus animales favoritos. Los artículos educativos y libros sobre vida marina están disponibles para todas las edades. Las fotografías profesionales capturadas durante los shows pueden ser compradas como recuerdo. Los productos exclusivos de SeaWorld son populares entre los coleccionistas.

Los programas educativos y campamentos de verano son una parte importante de la misión del parque. Los estudiantes pueden participar en experiencias prácticas con biólogos marinos. Los programas especiales permiten a los visitantes interactuar de cerca con varios animales. Las clases y talleres educan sobre conservación marina y ecosistemas oceánicos. Los programas están diseñados para diferentes grupos de edad y niveles de conocimiento.

El centro de rescate y rehabilitación de SeaWorld ha ayudado a miles de animales marinos. El personal especializado trabaja las 24 horas para atender animales heridos o enfermos. Los visitantes pueden aprender sobre los esfuerzos de conservación y rescate del parque. Las historias de éxito de animales rehabilitados son compartidas con el público. El centro también participa en investigaciones científicas importantes sobre vida marina.

Los eventos especiales y celebraciones estacionales añaden más diversión a la experiencia. Durante el verano, los shows nocturnos incluyen espectáculos de fuegos artificiales sobre la bahía. Las celebraciones navideñas transforman el parque con luces y decoraciones festivas. Los festivales de comida y música traen entretenimiento adicional durante todo el año. Los eventos especiales suelen incluir actividades únicas y presentaciones limitadas que no están disponibles durante la temporada regular.

EPÍLOGO

San Diego ha cautivado mi corazón desde el primer momento en que pisé sus hermosas playas. La brisa marina, cargada de ese aroma salado característico, me dio la bienvenida como un abrazo cálido del Pacífico. Los residentes locales me recibieron con sonrisas genuinas y esa actitud relajada tan típica de California. El clima perfecto durante todo el año hace que cada día se sienta como unas vacaciones perpetuas. Las palmeras que bordean las calles y el sonido constante de las olas crean una atmósfera que te hace olvidar cualquier preocupación.

El Parque Balboa se ha convertido en mi lugar favorito para pasar las tardes de domingo. Los jardines botánicos son un festín para los sentidos, con sus flores exóticas y plantas de todo el mundo. Los museos, con sus exposiciones fascinantes, me han enseñado tanto sobre la historia y cultura de la región. Me encanta ver a las familias disfrutando de picnics en los espacios verdes, mientras los artistas callejeros llenan el aire con música alegre. El zoológico de San Diego, ubicado dentro del parque, es simplemente el mejor que he visitado en mi vida.

La Jolla Cove es verdaderamente un pedazo de paraíso en la tierra. Las focas y leones marinos que descansan en las rocas parecen dar la bienvenida a los visitantes con sus peculiares sonidos. El agua cristalina permite ver claramente los peces nadando cerca de la orilla, creando un acuario natural impresionante. Los restaurantes con vista al mar ofrecen mariscos frescos que hacen agua la boca. Las puestas de sol en La Jolla son espectáculos diarios que nunca dejan de asombrar.

El Gaslamp Quarter me transporta a una época diferente con su arquitectura victoriana perfectamente preservada. Los restaurantes de clase mundial y los bares animados crean un ambiente vibrante que cobra vida especialmente por la noche. La música en vivo que sale de los establecimientos llena las calles de energía contagiosa. Los chefs locales preparan platillos que son verdaderas obras de arte culinaria. La mezcla de lo histórico con lo moderno crea una atmósfera única que no he encontrado en ninguna otra ciudad.

Coronado Island es como un cuento de hadas hecho realidad. El histórico Hotel del Coronado, con su arquitectura distintiva, parece sacado de una postal vintage. Las playas de arena dorada se extienden kilómetros, perfectas para largos paseos románticos. Los pequeños cafés y tiendas boutique tienen ese encanto especial que solo encuentras en ciudades costeras. Las vistas de la bahía de San Diego y el downtown desde la isla son simplemente espectaculares.

Mission Beach me recuerda por qué me enamoré de California. El paseo marítimo está siempre lleno de vida, con patinadores, ciclistas y familias paseando alegremente. Los surfistas aprovechan las olas perfectas desde el amanecer hasta el atardecer. El parque de diversiones Belmont Park mantiene vivo ese espíritu nostálgico de las ferias costeras. Los puestos de tacos y heladerías ofrecen sabores que te hacen querer regresar una y otra vez. La energía juvenil y despreocupada es contagiosa.

El Torrey Pines State Natural Reserve es un tesoro natural que me deja sin aliento cada vez que lo visito. Los senderos ofrecen vistas panorámicas del océano que parecen sacadas de una pintura. Los acantilados erosionados cuentan historias geológicas fascinantes. La reserva es hogar de la rara especie de pino Torrey, que solo crece en esta región. Los avistamientos de ballenas desde los miradores son experiencias que nunca olvidaré.

Little Italy me ha mostrado que la cultura italiana está viva y próspera en San Diego. Los restaurantes familiares sirven pasta fresca y pizzas que rivalizan con las mejores de Italia. El mercado de agricultores los sábados es una explosión de colores, aromas y sabores. Los festivales callejeros celebran la herencia italiana con música, arte y comida excepcional. La comunidad local te hace sentir como si fueras parte de una gran familia italiana.

El Old Town me transporta al México colonial con sus coloridas plazas y edificios históricos. Los mariachis llenan el aire con música tradicional mientras los restaurantes sirven auténtica comida mexicana. Las tiendas de artesanías exhiben productos hechos a mano que son verdaderos tesoros. Los eventos culturales y celebraciones mantienen vivas las tradiciones mexicanas. El ambiente festivo hace que cada visita sea una experiencia memorable.

Point Loma me ha regalado algunas de las mejores vistas de la ciudad y el océano. El faro de Cabrillo National Monument es un recordatorio del rico pasado marítimo de San Diego. Los tide pools son pequeños mundos submarinos que fascinan tanto a niños como adultos. Los barcos pesqueros regresando al atardecer crean escenas dignas de una postal. La tranquilidad de este lugar, combinada con su importancia histórica, lo hace verdaderamente especial.

Para todos aquellos que están considerando visitar San Diego desde España, les puedo asegurar que encontrarán un pedacito de casa en esta maravillosa ciudad californiana. La herencia hispana está profundamente arraigada en cada rincón, desde la arquitectura colonial hasta los nombres de las calles y barrios. El idioma español se escucha por todas partes, y los locales aprecian enormemente la conexión histórica con España. La gastronomía mexicana y mediterránea les hará sentir una familiar calidez, mientras que el clima privilegiado de San Diego les recordará a los mejores días de la costa mediterránea.

No duden en dar el paso y aventurarse a conocer esta joya del Pacífico. San Diego les espera con los brazos abiertos, con su perfecta combinación de cultura, naturaleza y modernidad. Encontrarán una ciudad segura, limpia y extraordinariamente acogedora, donde la barrera del idioma nunca será un problema. Las conexiones aéreas cada vez más frecuentes entre España y California hacen que este paraíso esté más accesible que nunca. Y recuerden: San Diego no es solo un destino, es una experiencia que les cambiará la forma de ver la vida, les regalará momentos inolvidables y les hará querer volver una y otra vez.

¡Buen viaje y hasta pronto en las soleadas costas de San Diego!

www.ingramcontent.com/pod-product-compliance
Lightning Source LLC
Chambersburg PA
CBHW070315160726
47999CB00003B/1037